連弾書評集

海と余白

小林えみ　柳沼雄太

よはく舎

はじめに

小林えみ

柳沼雄太さんは優れた読み手で、彼に勧められた本は思わず読みたくなる。ただ、困ったことに、柳沼さんと私の読書の好みはまったく違う。「あれ、思ったほど面白くないな……」と思うこともしばしばで、つまり、私がまず面白いと思うのは柳沼さんの評、柳沼さんが作品や世界を見る眼なのだ。誤解なきように言い添えると、柳沼さんが詰まらない作品を選んでいる、ということではなく、彼はその作品の良いところを抽出することがとても上手く、また、それを魅力的に語るチカラを持っているということだ。だから、柳沼さんに本をお勧めされると、また手にとってしまう。

この書評集は、そんな柳沼さんと小林、それぞれ趣味も評し方も異なる二人による書評をまとめた。二人でひとつのピアノを演奏する連弾に例えて、「連弾書評集」と名付けた。それぞれが主題を担当する、という意味では、ジャズのセッションの方が近いかもしれないが、本全体をひとつの曲とみなせば、ひとつの楽器を協力しあって演奏するイメージの方が近いように思われた。

では、ここで奏でられている曲とは何か、といえば、本というもの、またそれを評する批評がテーマの曲と言えるだろう。日本では「解釈」文化の興隆により、批評はその意義が問われている(解釈文化そのものは否定しない)。批評する、そのものの価値を見定め、世界の中に配置する営みの面白さは、批評単体だけで見ると「ただ褒めている」「ただ批判している」ように見えてしまうこともあり得る。批評を「連弾する」ことによって、批評そのものの輪郭が見えてくることも、本書の狙いのひとつだ。

何より、本は魅力的だ。そのことは二人に共通する想いである。評を楽しみ、そこからまた評される本を楽しんでもらえることこそ、私たちの願いだ。

目次

「場」のペルソナ
町屋良平『生きる演技』

「生きる演技」における歴史とは、誰かの記憶に残り続けるものとして書かれる。現実に起こった出来事は、当事者の記憶に刻みつけられるが、それはあくまで当事者固有の感覚であると我々は感じている。眼前に繰り広げられた光景にこそリアリティがあり、それが現実であると認識しているが、本作における歴史は当事者の識閾下だけではなく、当事者の物語が展開される「場」にこそ表出すると町屋は提示する。生崎の生家や学校の屋上、公園にも誰かの意識が存在し、登場人物と時には渾然一体となり、物語の言葉として読者の前に残されるのである。

そして、「場」と当事者をより強固に結びつける行為こそが「演技」であ

柳沼 雄太

る。本作における「演技」は、生崎や笹岡をはじめとする登場人物が現実を乗り越える上で最もフィクショナルな態度であり、誰しもが異なった質量で持ち得るペルソナである。「演技」は、生身の人間にひとつのレイヤーを齎す。自分自身ではない誰かになりきること。自分自身とは異なる人間の様相を呈すること。そのレイヤーはペルソナ＝仮面となって、登場人物になりかわる。そして、本作の大きな特徴として、町屋は、そのペルソナを人間にのみ付与するのではなく、登場人物たちが生きる「場」にも見い出しているのである。

「場」のペルソナとはなにか。それは「場」が持つ本来の性質ではなく、誰かによって浮かび上がらせられた「場」の捉え方である。例えば、昭和記念公園や多摩川の河川敷、そして、笹岡が出演するYouTubeの番組や美築に撮られる生崎を見ることのできるTikTokも、「場」といえるだろう。すなわち、「場」のペルソナとは、視る者の解釈に依存し、十人十色の異なった光景を産み出すことである。この光景に私は「「場」の演技」という名称をつけたい。

「場」と当事者をより強固に結びつける行為である演技は、作中の共通言語となり得る。生崎、笹岡の演技は、その演技を視る第三者の感情に名称を与える。共通言語となった演技は、様々な媒体に乗せられて人々へ伝播するのである。それは「「場」の演技」に根差した感情が発露することであり、この感情の連鎖が、次々に「場」のペルソナを生み出し続ける。誰かの記憶が産み出される以上、これらは続くのである。

「生きる演技」では、「場」のペルソナが徐々に築かれ、それらに囲われゆく世界を描き出す。世界を変容させる、すなわち、「場」のペルソナ＝上書きされる「記憶」という構図の元に物語は進み、より深く「場」に刻まれた記憶の最たる例としての〝戦争〟があり、人間に肉薄した「ペルソナ」が〝暴力〟として前面に表出していると考える。暴力は、当事者の性質と深く関わる。他者の肉体が、もう一方の他者の肉体にのめり込む。決して混じり合うことのない境界を限界まで肉薄させる行為が暴力であり、痛みを伴う様々な感情は当事者である他者の間ですらも共有し得ない。しかし、そこに「場」のペルソナが与えられると、より強いリアリティを伴って第三者でもある読者にまで届いてくる。例えそれが〝戦争〟であっても。

物語の終盤で、生崎、笹岡のクラスが東京立川憲兵隊事件をモデルに文化祭で演劇を披露する。演者によって展開される演劇はもちろん、フィクションであるが、今現在に行われている現実での出来事でもある。誰が、いつ、何を演じているのか。進みゆくにつれて混濁する境界に生崎は発する言葉を失い、笹岡は現実に暴力を表出させる。我々読者には、眼前にこの場面が提示されている。テクストを読んで想像し得る場面で我々はリアリティを享受し、フィクションであると言い聞かせるように息を飲みながら、物語は結末を迎える。

思い返せば、町屋は現代人が異にする個人的な意識をどのように共有し、ともに捉え直すことを主題に近年は書き続けてきた。

『ほんのこども』の登場人物である「あべくん」は、私とあべくんの二項対立を拒み、両者の意識を綯い交ぜにする。辛うじて残る皮膚という体感のみが、私とあべくんを分かつ境界である。『恋の幽霊』では、京、青澄、土、しきの四名が同じ感情を享受しながら異なる人生を歩み、文体という観点で異なる四名の意思を渾然とさせる。

そして本作「生きる演技」では、生崎、笹岡という異なる性質をもったふたりを、演技というフィクションの次元をつくることで、当事者における逆説的なリアリティを導くことに成功している。「「場」の演技」を発動させる行為が登場人物の身体感覚に肉薄し、より「場」のペルソナの意識を強固にする。現代人が無意識的にもつ「ペルソナ」を演技によって表出させることにより、人間の身体的な感覚=暴力に、歴史を刻み込んでいるのである。「場」のペルソナには、歴史が宿る。歴史を刻みつけること、それは過去の歴史を「振り返る」ことではなく、「捉え直す」感覚に近しいであろう。なぜなら、本作を読んで感じる痛烈な暴力は、今現在の感覚として読者に揺るぎなく迫るものであるからだ。

柳沼 雄太

伴奏　小林えみ

本書の書評は古川日出男氏、鳥羽和久氏、清水良典氏ら多彩な評が展開されている。三島由紀夫作品を愛する柳沼さんが「ペルソナ論」として展開しているのがこの評の面白いところだ。

「場」のペルソナ

町屋良平『生きる演技』

歴史はゆるくつながる星座のように
田中さとみ『ノトーリアス グリン ピース』

何処よりも高い場所から押し並べて可能な限り描き出されるナラティブが我々の認識する歴史であるならば、対象にフォーカスしつつ少しずつずれながら忍び込む視線があり、かつ一定のリズムに囚われることなく、時間の伸縮をも許容する自由奔放なナラティブこそが、「ノトーリアス グリン ピース」における歴史である。

本作において紡がれた歴史は、読者の中でスクリーンに映された映像として結晶化する。しなやかに、そして強かに結晶化した映像は、まったき映像として、それぞれの読者の眼前に留まり続ける。言葉から映像へ。喚起される光景の強固さに読者は導かれてゆくだろう。読者の想像力にすべてを委ね

柳沼 雄太

ることないこの転換は、本作の〝言葉そのもの〟による強さに拠る事象であることに瞠目すべきであり、静謐に流れる〝言葉そのもの〟の狭間に必然の意志を感じざるを得ない。

はじめに収められた「天国の階段を買おうとしている彼女を知っている」の冒頭を引く。

私は美しい人の姿が土砂のように崩れはじめて海に浸かる
3月の鹿踊りをはじめて眺めていました。

＊

マイクロプラスチックを食べた、歴史に回収されるまえの、色の黒い
尉、
に接続されていく、

歴史はゆるくつながる星座のように
田中さとみ『ノトーリアス グリン ピース』

羽衣の菌糸が雪のように染みていくのを感じていた（p8）

「私は」のように助詞「は」によって主題化された視線を獲得した眼前で、美しい人の姿が土砂のように崩れはじめて海に浸かる様子が、ワンカットの映像の如くひといきに進みゆく。しかし、改行によって分けられる3月の鹿踊りが、前行の「海に浸かる」からつながるイメージであるのか、まったく別のイメージであるのかは、読者ひとりひとりに委ねられている。そして、アスタリスクを挟んだ三行分の空きの後に、マイクロプラスチックを食べた、接続されていく、と提示されない主語の行動が示される。主語が誰であるかという疑問は解決されることなく、「羽衣の菌糸が雪のように染みていくのを感じていた」という心情に辿り着くのである。この帰結は決して奇妙なことではなく、まるで自明的であるかの如くに、眼前へその光景を浮かべることは容易いのではないだろうか。主語と述語の関係性のずれや不明瞭さの違和よりも、流れる光景の必然に読者は引き込まれる。

柳沼 雄太

また、「キミが最初の花だった」では、下記のように詩行が展開される。

地下水の湧き出る　セーラー服

ガスマスクの　狩人が曇った窓ガラスに髑髏の絵をえがく

格子柄の髑髏

仕留めると狩人は衝撃を受けると聞いた

その　眼窩からピーターラビット　の蛇が　中指を立てて青白く光る

Kはアイヌの女性と熊が寄り添っている写真を眺めていた

歴史はゆるくつながる星座のように
田中さとみ『ノトーリアス グリン ピース』

水浸しの地下鉄

あしもとを残照の精霊が　泳いでいる（p30）

地下水、セーラー服、ガスマスク、髑髏、ピーターラビット。ゴシックな事物は頽廃的な場面を現出させる。その後に続く、アイヌの女性と熊は大自然に視線をずらす。そして、視線は水浸しの地下鉄へと戻り地下水へと、すなわち地上から地下への視線の転換が発生する。視線のダイナミズムは、映像への転換の大きな契機となりにわかに思考の拡大を助長する。用いられている〝言葉そのもの〟の配列が構造を作り、詩行に奥行きを加えている。そして、一行ごとに挿入される空白行は、対象の叙述に一拍の余白を与えており、それは対象そのものが対象そのものであることを留保する空隙でもある。ピーターラビットの後に置かれる一文字分の空白は、文節的には不自然な箇所に置かれることによって、リズムのずれ、そして思考の躊躇いを引き起こ

柳沼 雄太

す。ピーターラビットがピーターラビットであることの確信を揺るがせている。この躊躇いこそが、自由奔放なイメージの飛躍を促すのである。

例示したふたつの場面のように、本作では、主語、述語のずれによる関係性の変容と、続く事象の鮮やかさによるイメージの強烈な喚起、そして改行と空白行により対象を留保させるナラティブが、外連味のない純粋さをもって提示されるまったき映像となっている。この特徴こそが、「ノトーリアスグリン ピース」の大きな求心力である。

さらに、過去から現在へと直線で流れる時間が自在に伸縮する点にも着目したい。

椿の大木を引っこ抜いた跡に海水がたまって湖ができたところだ
風船になった鬼がいて、猿田彦に針でお腹を刺されて
ポテトチップスの袋のように空に飛んでいってしまった（p50）

歴史はゆるくつながる星座のように
田中さとみ『ノトーリアス グリン ピース』

湖が成立する時間と、風船になった鬼がポテトチップスの袋のように空に飛んでいく時間とが並べられている。長い時間の後に間髪を入れず短い時間での事象が書かれており、この三行に込められた往古来今に、読者は独自のリズムで映像を想像するだろう。このリズムこそが本作における歴史の捉え方なのである。

本作の言葉たちは、心地よいずれを伴いながら自由奔放に語られて届けられる。ちりばめられた言葉たちがつなぎ合わされて詩行となったテキストは、まるで星座のように点で結ばれた像を象るのである。それは言葉の煌めきが呼び起こす光と闇を具現化した映像と言えるであろう。具現化された言葉は歴史となり、読者ひとりひとりのナラティブとなって、いつまでも明滅を続ける。歴史はゆるくつながる星座のように、何度でも再読に回帰させる輝きを喪失することはない。

柳沼 雄太

伴奏　小林えみ

言葉の芸術の最前線、詩の批評は、その理解に自信がなければ挑戦できない。私はまだ詩の批評に取り組んだことはない。柳沼さんは、軽やかに、真摯に作家・作品と向き合う。

匿名性というレッテル

安堂ホセ『迷彩色の男』

柳沼 雄太

　都市に紛れる人間を睨め回すような視点により、物語は幕を開ける。人間という個体が多数集散することで、〝個体〟から〝群体〟へと変容する様相を示している。

「迷彩色の男」では、個体から群体へと変容する人間を、「色」という観点から詳らかにしてゆく。冒頭の〈ファイト・クラブ〉では、店全体が青い光に照らされることで、いぶきや私、その他の人間もすべて青に染まる。それでも、私はいぶきを求め、彼の身体を拠り所に彼を探り当てる。

〈ファイト・クラブ〉を出てもなお、赤い信号機、クリスマス特有の赤い光に街は照らされている。その街で生きる人々全員が「色」を帯び、やがてその「色」は匿名性という属性を与えるのである。
一方で、匿名性という属性は、群体へ個体を馴染ませるものではなく、人種や性的志向のマイノリティな問題を浮き彫りにする装置としてある。謂わば、自らの認識にかかわらないレッテルとして貼り付けられる。私が会社でマネキンであることを望むように、静かに匿名性を強要される無慈悲さに縛られる構造は、現代社会の宿痾である。
迷彩色は、匿名性に紛れ自らを覆い隠す色ではなく、何もかもを引き受けて生きてゆく複雑さを表わしているだろう。照らされる青に引き摺られることのない色の意味を、我々は肉薄した問題として考え続けなくてはならない。

伴奏　小林えみ
短くも的確なタイトルの意味に踏み込んだ評。

匿名性というレッテル
安堂ホセ『迷彩色の男』

ふたつの喪失と無意識的試み

安岡章太郎『海辺の光景』

柳沼 雄太

本作に通底するのは、主人公である信太郎の故郷と父親に対する「意識の希薄さ」であり、それらが産む喪失の感情である。一方で、喪失によって取り込まれようとする狂気に着目することで、本作はより味わい深い物語となる。

「故郷」は本作において頻出する単語であり、執拗なまでに横溢するイメージとして読者に植え付けられる。そして、それはノスタルジーの体現では決してなく、故郷という概念を定義づけることへの困難さに信太郎は囚われている。

信太郎の内部において、繰り返される故郷に対する意識表明への戸惑い。

それは次の箇所に端的に顕れている。

故郷を棄てるとは、一体どういうことなのか？　それは何かしらの罪に値いすることになるのだろうか？（中略）彼にとって、故郷は一つの架空な観念だった。（中略）そのくせ、「故郷を棄てる」という言葉は、聞かされると、それだけでもう自分が何か後暗いことをしているような気にさせられる。（p47）

信太郎は自らが生まれた故郷を「一つの架空な観念」と表しつつも、それを棄てることに「何か後暗い」感情をかき立てられている。これは、自らのルーツたり得る故郷への曖昧模糊とした感情への戸惑いが顕れているのではないだろうか。出自の不明瞭さは、故郷という概念に定義付けを許し得ない。すなわち、信太郎における故郷は「空虚」そのものであり、故郷の本来の定義は喪失しているのである。

そして、その「空虚」を体現するかのように、現在過去を問わず語られる「父親」との挿話に嫌悪感は隠されていない。「タバコをのんでいる父親の顔がきらいだった」、職業軍人という肩書きに似つかわしくない態度、そして「父親の帰還ではじめて敗戦を迎えた」と感じるほど、父親に期待感を寄せていない信太郎。そこには父親たる威厳の喪失を見ることができるであろう。

ふたつの喪失により、浮かび上がるもの。それは「母親」の存在であり、彼女に訪れる正気から狂気への変容を、自らにはらませようとする信太郎の無意識的試みが、本作の主題であると筆者は考える。

母親の狂気は、誰にも気付かれぬよう忍び足で訪れた。一家が住んでいた鵠沼の家を家屋不法占有によって出ていくこととなった時期より、千円札を百円と間違えたり、自分のふところに入れた財布を探していたり、往来でよくころんだり。信太郎自身も母親の狂気に気付くには「周囲の事態があまりに騒しかった」と回顧する。すなわち、母親の狂気も誰の意識閾に上がらずにふりかかった。母親は自らにふりかかる狂気を、はじめの段階で定義することができなかったのである。

信太郎が母親の狂気の存在を決定的に感じたものは、高知へ戻る際に母親が置き忘れたワニ革のスーツ・ケースである。その中には現金や貯金通帳が入っているはずと母親は言っていたが、いざ開けてみると一挺《ちょう》の鎌《かま》が入っているだけであった。

……毀れかかった古めかしいそのカバンの中から、混乱した母の思考が流れ出し、執《しつ》拗《よう》に自分を捉《とら》えようとしているように思えたからだ。（p127）

信太郎はこのスーツ・ケースを回収するために、母親が辿った道を戻り鵠沼の家まで戻ることとなる。そして、信太郎はこのような労苦を下記のように感じている。

それほどイヤなものには思えなかった。この種の無駄骨を折ることに狎《な》れっ子になっている、というより何かそういうことがなければコマるような気さえするのだ。(p126)

故郷と父親を喪失した信太郎にとって、母親は無意識に縋ることのできる唯一の存在であっただろう。母親の狂気を間近に感じながら、その母親と同じ道を行動によって辿ることは、母親との円環を繋ごうと考える信太郎の無意識の表象なのではないだろうか。

そのように考えると、信太郎が母親と同じ病室に篭ることは、自らを母親と同じ境遇に置こうという意識の顕れであると考えられ、かつ閉ざされた病室以外の景色を画一的にしか見ることができなくなっている視線の解像度の低さが、外界を視ることへの解像度の低さにそのまま直結している。

それはまったく〝景色〟という概念をそっくり具現化したような景

色だった。ほかには何ものも入り込む余地がなかった。（p59）

母親の狂気をなぞらえようとした信太郎は、何を思ったのであろうか。物語は「一瞬の出来事のよう」であった母親の死を通過した信太郎が、干潮によって海上に現れた無数の杙を見る場面へと辿り着く。「墓標のような」と表現されたそれは、自らを縛り付けていた母親の狂気の顕在化であろう。母親の喪失が海の喪失と重なり合い、無数の杙となり表出しているのである。この表出こそが、信太郎の意識に上った定義であり、「何のための償いなのだろう、何を償おうとしていたのだろう？」と自問する信太郎は、母親の狂気をなぞらえようとする自らの定義の希薄さに、最後まで気が付くことはないのである。

伴奏　小林えみ

ふたつの喪失と無意識的試み
安岡章太郎『海辺の光景』

私はこうしたマジョリティからの一方的な視点の私小説を今は評価しない。柳沼さんの評を読むことで、作品や作者の汲むべき点を見ることができる。

＊安岡章太郎『海辺の光景』新潮文庫、２０００年

柳沼 雄太

手癖に導かれた身体性

小川洋子・佐伯一麦『川端康成の話をしようじゃないか』

幽玄に揺蕩《たゆた》う川端康成の文学に見るエロスとタナトスの応酬の狭間で、私は浮かされたように彼岸を幻視していた。「雪国」の冒頭においてトンネルを抜ける汽車、「片腕」にて枕元の明かりに照らされた娘の片腕、「禽獣」にて踊り子である千花子の化粧姿に見る死顔――。エロスとタナトスの狭間に浮かび上がるいずれもの事物は、厭世的で幻の如く、まさに彼岸のように読者の眼前に立ち現れては消えてゆく。それでも川端の筆致から呼び起こされるのは、現実に屹立したひとつのショットのよう、或いは時間を伴った絵画のように、そこに在るのである。それらが立ち現れることを何故読者は拒否することができないのであろうか、そして、幻視していた事物が今でもなお

手癖に導かれた身体性
小川洋子・佐伯一麦『川端康成の話をしようじゃないか』

明瞭な輪郭を持って記憶に残り続けるのであろうか。

眼前に何かが立ち現れるとき、人はそれを「眺めるように見る」のではないかと思う。広がる視野の全体の中に違和感を引き摺《ず》った何かが表れる景色。それを「眺めるように見る」ことは、映像を見ることに近しい。少しずつ動きゆくコマ送りは、コマ送りとして感じられるのではなく、ひとつの映像として視認されたときに、漸《ようや》く眼前の景色の全体として認識される。小説において映像的であることは、違和を感じることがないことを意味するのかもしれない。「雪国」の冒頭は、文字通り「眺めるように見る」ことができる。トンネルを抜けると広がる雪の光景、信号所に止まる汽車、駆け寄る娘とガラス窓で隔てられる島村。静かな映画の冒頭のように、景色及び映像は移り変わってゆく。景色は美しいものとして、読者の記憶に残り続ける。

しかし、映像とはひとつひとつのコマによって構成されていることを思い出したい。コマの強度によって映像の全体が支えられているのであれば、川端の小説こそ、細部の強度に目を向ける必要があると私は思う。「眺めるように見る」のではなく、ただ一点を飽くまで見つめること。そして、「見つめている」という眼差しの「身体性」を自覚すること。その姿勢は、川端が物語を紡いだ姿勢と奇しくも重なり合い、幻に明瞭な輪郭が与えられ現実に屹立することが可能である点を明らかにする枢機として、物語の裏側に伏在しているると言えるのではないだろうか。

本書を紐解いてみると、小川洋子、佐伯一麦の両氏も「身体性」に言及しており、殊更「手書き」に着目している点が興味深い。「雪国」を上梓してもなお書き継がれた「雪国抄」の多様な字形、そしてそれらは川端の文体の多彩さに繋がると佐伯氏は述べる。

文体は作家の意識の表象であると思う。文体を〝意識しない意識〟こそが逆説的に「身体的」な姿勢へとより強《したた》かに向かわせたと私は述べたい。文体の強度に固執せずに、登場する事物の細部に目を向ける。まさに「目を向ける」行為こそが「身体性」を表しているのであるが、川端は「目を向けた」事物を景色に投げ出されたままで書いている点にも着目したい。全体にある違和。

川端の小説に登場する事物は、替え難い違和を内包しながら、そこに存在している。その事物が例え現実には見ることのできない「幻」であっても、そこに立ち現れることを許すのは、川端が宿す「身体的」な眼差しによって与えられた輪郭に縁取られているからである。

川端の文学が「身体性」に根差されている所以は、本書で小川、佐伯の両氏が話題に挙げている〝非常〟の出来事に辿り着く。二十代前半に川端は初代という女性と恋に落ち婚約する運びとなるが、結婚に反対していた寺の住職に不義をなされる。初代はその出来事を〝非常〟と名付けた。眼前に愛する人がいるのに手を伸ばしても届かない。そのような悲哀のモチーフは、「眠れる美女」に登場する眠ったままの五人の娘となり、「たんぽぽ」の人体欠視症となる。「視る」対象となった愛する対象は、万華鏡のように可憐に姿を変えながら、他の作品にも姿が表わされる。川端が一生を尽くして生み出した手癖の産物と言えるだろう。そして、現身《うつしみ》の如く表れては消えるモチーフこそが、川端が経験した〝非常〟のリフレインであり、それは「視る」ことは可能であっても、「愛し／愛される」という相互の関係が成り立たない哀情の象徴として捉えることができる。だからこそ、「愛される」ことに振り切ることのできない葛藤は、「視る」という身体的行為、そして「書く」という身体的行為によって、エロスとタナトスの狭間から読者の眼前に現実のショットのように差し出されるのである。そこには川端の瑞々しい「手」の輪郭が視えてこないだろうか。

川端康成を読むとき、我々読者は「身体性」に搦《から》め捕られた幽玄の中にいる。作家が表した身体性は、誰かに「触れる／触れられる」としての身体性ではなく、「視る／視られる」という関係性を創り出した小説家としての身体性であり、それは彼が生涯を懸けて向き合った〝愛〟によって生まれる「愛し／愛されること」への二律背反を受け入れようとする葛藤が纏《まと》った、哀しき手癖であるようにも思える。川端はその手癖によって表出させた幽玄の中で、〝愛〟の実感により生まれるあまりに哀しい記憶を自らの身体に取り戻したかったのかもしれない。

伴奏　小林えみ

川端評の評、というユニークな書評。川端も、小川洋子も、佐伯一麦も改めて読み直したくなる。こうした応答や広がりが文学の豊饒さであり、そういう良さを引き出すところが柳沼さんの評の魅力だ。

＊初出『アンソロジスト vol.5』田畑書店、２０２３年5月
＊小川洋子・佐伯一麦『川端康成の話をしようじゃないか』田畑書店、２０２３年

柳沼 雄太

独りで立つ、片手に羅針盤を
辻山良雄『しぶとい十人の本屋』

夜の航海は、暗くて孤独である。揺曳に導かれながら進まねばならぬ焦燥感は不安を煽るばかりで、みだりに舵を切れば行く先は闇に紛れる。筆者も一介の書店主として、自身の屋号を掲げ本を売っている。茫漠とした大海を眼前に、地図を広げて自分なりに懸命に航海をしている。晦冥を過ぎて顕れる光までの道筋を熟思する日々に、『しぶとい十人の本屋』と出会った。

本書は、八年前、荻窪に新刊書店「Title」を開店した辻山良雄氏が、自身の仕事の意味が分からなくなり、全国各地の書店主と対話をする旅に出た記録である。辻山氏と登場する書店主との対話には、書店を営むことへの熱情が静かに語られる。いずれもが個人の意志や信条を纏っており、ひとつひとつの言葉は厳かに響いてくる。

那覇市にある市場の古本屋ウララの店主、宇田智子氏は、「この場所で本屋としていられるのは、沖縄の本があるからだと思っています。」と語る。地域性は、本書に登場する書店を貫くキーワードのひとつである。掛川市にある走る本屋さん 高久書店は、地元の高校生に向けて学習参考書の棚を作り、二階を学習スペースとして開放している。三島郡島本町にある長谷川書店の長谷川稔氏は、お客さんを「先生」とし、仕入れる本を参考にしているという。地域に向けられる目は三者三様である。

他方、京都市にて誠光社を営む堀部篤史氏は、地域のコミュニティの内外に言及し、個人として生きたい人と、それを消費しようとする人たちの「せめぎ合い」からどのように「自分を守っていく」ことが個人店の大きなテーマであると語る一方で、「店は社会に開かれたものだから、人に求められているることをやらないと意味がない」とも語る。

この問題提起にこそ書店主の葛藤を見る。個人の意志を反映した書店を続けることと、個性的であると見られることには、大きな差異が存在する。個性的であることの流布が個人の意識外で行われることは、ままあることである。個人の意志で見通せる範囲がコミュニティの最小単位であるのならば、その場所での〝独立〟こそが書店経営であるだろう。しかし、見通せる範囲を広げる行為が、個性的という言葉に収斂されてしまう傾向に昨今はある。「独立書店」と呼ばれる書店を経営する書店主にとって、これは大きなジレンマではなかろうか。

ここで〝独立〟という言葉を辿ってみる。本書には、〝独立〟という言葉が頻出し、インディペンデント、あるいはインディーという形容詞となって対話に登場する。名古屋は東山公園駅近くにあるON READINGの店主である黒田義隆氏、黒田杏子氏は「街に自分たちなりの影響も与えることができた」ことは、「インディペンデントな店だからこそやれたこと」と語る。鳥取市内にあった定有堂書店の奈良敏行氏は「身の丈でできないことはやらない」と語る。身の丈を知ることは、見通す範囲を定めることである。

本書を読み、〝独立〟とは〝個人を伴った選択〟であると考える。画一的にも多面的にも成立させられる書店経営において、コミュニティを開いてゆくこととインディペンデントであることをどのように両立させゆくのか。個人を纏ったこの選択の上にのみ、個性的であることが成立するのである。その意味で〝独立〟と、個性的であることは、同列に語ることはできないのではないだろうか。「独立書店」という言葉の旨趣に時として首肯し難い感情を抱くことは、先ほど述べたジレンマに依拠した感情でもある。本書でも「独立書店」は括弧付きの言葉として書かれており、対話に挟まれた「旅の合間に」というコラムにて、「自分の基準に立ち返ることができるかどうか」と辻山氏も述べている。本書に登場する書店主の行動も、〝個人を伴った選択〟の上にある。

そして〝個人を伴った選択〟は、書店経営に留まらず個人の生き方へ敷衍することが可能である。選択の大小にかかわらず、人生は選択の連続に溢れ、息をつく間もなくそれは次々と顕れる。そんな時に、本書に収められた書店

柳沼 雄太

主たちの言葉は、羅針盤となり得るのである。目的地までの道筋を辿る一助となるもの。現代に忘れられたそれは、本書に収められた言葉たちから見い出すことができる。辻山氏が本書で実践した旅も、〝個人を伴った選択〟のひとつであることに気が付くだろう。

大海は誰の前にも広がりゆく。地図にない場所が存在するかもしれない。航路は選択の積み重ねの上に引かれる。揺れ動く現在地点から光明を見定め、それでも帆を張らなければならない時があるだろう。その時は本書を紐解き、書店主たちの言葉を拾い前を見据えればよい。独りで立つ、片手に羅針盤を。

伴奏　小林えみ

紹介ものの評、しかもその対象が自身も営む書店について、ということで論点がいくつもあり得る。巧みに本の読みどころを紹

独りで立つ、片手に羅針盤を
辻山良雄『しぶとい十人の本屋』

介しつつ、本屋論についても掘り下げている。今度は、柳沼さんの書店論を読みたくなる。

＊初出　『週刊読書人』７月19日号

＊辻山良雄『しぶとい十人の本屋』朝日出版社、２０２４年

藪の中で語ることへの希望
小松原織香『当事者は嘘をつく』

小林 えみ

表紙を一瞥しただけでタイトルとコピーにギクリとする。著者は性被害の当事者また研究者として、被害の語りの構造を丁寧に解析していく。しかし、その前提として提示されているのは「真実」ではなくタイトルの「当事者は嘘をつく」。芥川龍之介の『藪の中』は登場人物の語りが食い違う話で、それらはある種のミステリのように扱われてきたが、この小松原氏の著作からすれば、当然ありうることでしかない。しかし、「なるほど、それなら話は食い違いますよね」が結論ではなく、問題は、そこから出発する周囲との関わりと苦しみとの向き合いだ。

加害者との対話、医師とのすれ違い、自助グループでの解放感などが慎重に描かれていき、著者の当事者としてのありようも定まってきたようにみえる4章までを経て、7章「私は当事者ではない」では水俣の当事者に対して、ある種、強い立場の第三者である研究者という立場について悩む。時間や行動、立場の変化で複数性を帯びてくる著者の述懐によって、当事者の語りを巡る思索がどんどん深まってゆく。

私たちは自分自身のことをうまく語れない。他人の心の内は、どれだけ語られてもすべてわかることはない。そして、その語りが「藪の中」であれば、語りは無意味なのだろうか。

否、9章の終わりの一文、また、あとがきにある「語られた言葉（ナラティブ）の真偽を明らかにすることではなく、話者が自己の経験をひとつの物語としてまとまりをもたせることに価値を置きます。」というナラティブアプローチの効能がそうではないことを示しているだろう。

著者は、この本が性暴力以外の、人が生きていくうえでの痛みやマイノリティ性にも有効では、とする。私は、さらにより広く、様々な場面で食い違う分断の広がる世界で、嘘も含めて対話していくことの可能性の視座をも、ここから見出せるように思う。それは私たちがこれからも他者と共に語り合い、生きていけるということへの希望だ。

伴奏　柳沼雄太

重く難解に思えるテーマも小林さんは丁寧に読み進め、誰しもに開かれた本にしてしまう。ただ受け止めるだけではなく、受け止めて前を向く読み方に優しさを感じる。

＊初出『母の友』２０２２年8月号

＊小松原織香『当事者は嘘をつく』筑摩書房、２０２２年

コツコツとつくりあげる公共

猪谷千香『小さなまちの奇跡の図書館』

公共図書館の非正規雇用増加や人員削減による管理状況の劣化など、図書館をめぐる暗い話題を目にする機会は少なくない。もちろん、問題は直視してきちんと片付けていかなければいけないのだけれど、明るい話だってある。『小さなまちの奇跡の図書館』、「奇跡」は言い過ぎではなく、逆境にあった図書館を地元の女性たちが守り、育てていった稀有な事例だ。

温泉で知られる九州南端の指宿市にある、その図書館は、有名な建築家がデザインしただとか、しゃれたカフェを併設しているわけでもない。しかし、その様々な功績から図書館業界の数々の賞を受賞し、注目を集めている図書館だ。

運営を担うのは12人の地元の女性たちによるＮＰＯ法人そらまめの会。彼女たちは自主的に図書館でのお話会開催などの活動をしていたが、指定管理者制度導入の発表を受けて、自分たちで地元の図書館の良さを守り、作って行こうと決心してＮＰＯ法人を設立した。ほかの民間業者からの応募もあったが、地元市民による運営への期待を受けて選定を受け、２００７年から指宿の図書館の運営をまかされた。

図書館全体の運営となると、イベント開催や本の貸し出しだけが業務ではない。経理から電気業者の選定まで、あらゆる事務やメンテナンス作業も自分たちで担う。それらもひとつひとつ学び、地元の人たちに助けられながら丁寧に「より良く」を積み上げていく。新規の予算がついて、バーンと大改修！ではない。

その過程で市民の様々な要望に応え、親しまれる図書館にしていった。これを著者の猪谷はレオ・オルデンバーグの『サードプレイス』を引きながら、個人の利益や市民の義務によらない、自然な相互交流の居場所として機能しているると指摘する。こうした地道な積み上げの功績が評判を呼んだ。

また、本書では第三章「図書館をつくった人々」で、指宿市図書館のルーツをたどる。昭和24年に農村の暮らしを向上させるために設立、娯楽や勉強の場として重宝される。その一方、女性が本を読んだら「すろっぱ（地元の言葉で怠け者）」と呼ばれたりもした。花の栽培方法や販売方法を図書館の本で学んで結果をだしたことでようやく「本を読むこと」を認められていったというエピソードは、当時の女性の苦労がしのばれる。そらまめの会が直接的に繋がっているわけではないが、このように本や図書館を愛する人たちがいた土地・関わってきた図書館だからこそ、そらまめの会のような担い手がうまれてきたのだろう。

　自分たちの手で公共の場を守る活動の実践は一気に何かがひっくり返るようなものではない。彼女たちのようにできることからコツコツと地元を巻き込み続けていくことに、改めて学ぶことは多い。

伴奏　柳沼雄太

本にかかわる小林さんだからこそ、公共図書館における課題を理路整然と書いている。事実をわかりやすく読者に伝えることも、書評の役割のひとつであると再認識できる評。

＊初出『週刊金曜日』第１４２０号

＊猪谷千香『小さなまちの奇跡の図書館』ちくまプリマー新書、２０２３年

小林 えみ

幸せなパン、悲しみのパン

津村記久子、穂村弘 他『こんがり、パン　おいしい文藝』

カリカリ。サクサク。フワフワ。モチモチ。パンは主に小麦を原料として膨らませたひとつの食品だけれど、製法や材料の組み合わせで種類は豊富、それぞれまったく違う特徴をもっている。「パン・アンド・ミー《パンとわたし》」の語りはパンの種類と人の数、それぞれの記憶をかけると無限に近い数があるだろう。このアンソロジーはその無限の物語から極上のエッセイを揃えている。「パンうまー」、私たちはこの本を読みながら、それぞれの幸せなパンの記憶を呼び起こすだろう。

私の「パン・アンド・ミー」、幸せなパンは、マルジナリア書店で仕入れをしている分倍河原のノエルの角食だ。これはそのままノエルの角食をマルジナリア書店で販売しているのではなく、10枚切りにカットしてもらったものをホットサンドに使って提供している。一般的な6枚切り、8枚切りではホットサンドの具に対して厚みが出すぎるので、この10枚切りがちょうどいい。それをノエルさんでスライスしてもらうとき、6個分連なった角食1本の端っこにあたると、端の耳だけが1枚、サービスで入ってくる。途中の山にあたった場合はない。この耳だけの薄い1枚が、おいしい。湯捏ねでもっちりと少し甘めにつくられた角食はふっくらした白い内側もおいしいのだけれど、耳だけの1枚はそれに強い歯ごたえが加わってまた別のパンのようだ。お店がはじまる前に、手早くつまみ食いする。トーストしてより香り高くするわけでも、何かつけて丁寧に食べるわけではないけれど、偶然のオマケ感と、もともとのパンの質の高さで、ぐにぐに噛みしめながら、今日も一日がんばろう、という気持ちが湧いてくる。それはオマケとして、ノエルさんの個人的なオススメはパリパリのフランスパンにジューシーなベーコンをたっぷりいれたベーコンエピ。分倍河原においでの際は、ぜひどうぞ。

小林 えみ

さて、本書に戻ると、江國香織は「幸福そのものだ、と思う食べ物に、フレンチトーストがある。」という。パンは、多少の価格差はあれど、よほどでなければ、高価で手が届かない食べ物ではない。日常にありふれた食材に甘やかな記憶が重なって、それは極上の食べものになるのだ。読んでいるだけで、映画のワンシーンのような美しい情景と絶対に美味しいフレンチトーストが目に浮かぶ。もう少し気軽な源氏鶏太のアンパンは、とにかく楽しそう。ゴルフに行く！というウキウキが、ありふれたパンを食べてみたいごはんにする。あんぱんはこの本でも何度か登場するけれど、源氏鶏太のアンパンが一番おいしそうに思わせる。このように、いくつか同種のパンが本書には登場するのでそれを食べ比べならぬ読み比べするのも楽しい。

たくさん登場するのはサンドイッチ。タイトルにあがっているだけでも、大橋歩、中原淳一、獅子文六、玉村豊男、池澤夏樹が該当する。林望の「草の上の昼食」もサンドイッチで、サンドイッチ自体は素朴なつくりのようだけれど、イギリスの美しい景色、その草の上で食べるというシチュエーションがたまらない。

このように本書を読むと多くは幸せなパンで満たされており、お腹が空いてくる。パンを食べたくなってくる。しかし、そうした雰囲気に少しだけ異彩を放つ一編も収録されている。

開高健の「パンに涙の塩味」がその作品だ。終戦後の風景と共に、ある記憶が綴られている。タイトルはゲーテの「涙とともにパンを食べたことのない者 Wer nie sein Brot mit Tränen aß」からの言葉だろう。このくだりはけっして「幸せなパン」ではないけれど、生きるためのパンをめぐり、人の心はどこまでも優しく、ただしとても複雑であること、開高少年とその友人、私たちは処理しきれない思いにふるえ、たちつくす。そこに生きる糧としてのパンがある本書の中でも白眉の一文であり、ぜひお読み頂きたい。

ことほどさように、パンは、オヤツのように楽しむものもあるが、主食として人の生を支える食べものでもある。生死のかかったパンは悲しみのパンだろう。2023年現在、ロシアによるウクライナの侵攻は続いている。ミャ

小林 えみ

ンマーは軍事政権になって久しく、状況の打開は見いだせていない。ウクライナで、ミャンマーで、子どもたちはどんなパンを食べているのだろうか。世界中の子どもたちが悲しみのパンではなく、それぞれの幸せなパンだけを食べていられる日が来ることを願う。

慧眼で知られ、早世した米原万里は「パンを踏んで地獄に落ちた娘」で童話を引きながら、ソビエト連邦の崩壊につながるパン政策の失敗とを教えてくれる。20年以上前に書かれたその結びの一文は、いまなお有効な、私たちへの警告だ。

幸せなパンと悲しみのパン。私たちが前者を楽しみ続けるためには、自分たち自身で世界を良くし、維持していく努力が必要であり、その原動力としてまた、幸せなパンの記憶が、あるべき輝かしい日常の象徴として私たちを支えてくれるだろう。

幸せなパン、悲しみのパン
『こんがり、パン　おいしい文藝』

伴奏　柳沼雄太

アンソロジーの評は、どの箇所にフォーカスするのかが鍵となる。ありふれた日常の主題を自己に引き寄せ、世界の課題へと繋げる評は非常に読み応えがある。

＊初出『こんがり、パン　おいしい文藝』河出文庫、文庫解説
＊津村記久子、穂村弘、他『こんがり、パン　おいしい文藝』河出文庫、２０２３年

加害を歴史に記録する

清水亮・白岩伸也・角田燎 編『戦争のかけらを集めて　遠ざかる兵士たちと私たちの歴史実践』

「せんそうってなにー?」

書店のベンチで『138おくねんきみのたび』を読んであげていた5歳児に聞かれた。原子から惑星誕生、恐竜時代などを経て現代まで、生命の歴史を描いた壮大な絵本。

終盤で「にんげんどうしが　せんそうしてしまうことだってあった」と出てくる。

「人と人や国と国が戦ったりすることだよ」

と言ったけれど、伝わっただろうか。

私が彼と同じ歳の頃、母親が行く美容院は託児スペースがついていて、お婆さんが面倒を見てくれていた。そこで『ひろしまのピカ』を読み聞かせられた。怖かった。私も「戦争を知らない子供たち」だが、周囲には戦争体験者がたくさんいて、生々しく戦争が見えていた。

怪我を負っているおじいさんおばあさん、茨木のり子を熱心に勧めてきたのは茨木より数年年下だっただろう中学の国語の女性の先生。数学の先生は「あたしはデモシカ教師なのよ」といいながらヒッピースタイルな服を着てベトナムと平和の話をしていた。まぬけな私は当時聞き流していたが、かなり後になってからようやく彼女彼らの言動の記憶が歴史と繋がった。彼女たちと今話をしてみたいなと思う。

2024年の5歳児の周囲に、太平洋戦争経験者はほぼいないだろう。しかし、ウクライナは侵略と戦い、ガザは蹂躙されている。ミャンマーで、スーダンで、戦闘は続いている。世界を見渡せば、一見、平和な日本も地球上で戦争とつながっている。

小林 えみ

私達は、彼らに世界と歴史を伝えなければいけない。

『戦争のかけらを集めて 遠ざかる兵士たちと私たちの歴史実践』は、「やがてくる第二次世界大戦の体験者不在の時代に、私たちは、どうすれば過去とつながることができるのか」を若手の研究者11人を中心に戦争との向き合い方を探る。

戦争の記憶の伝承といえば、まず被害者の体験だ。それはとても重要なことだが、本書で私が目を留めたのは、特に第二部の「元兵士をめぐるまなざしの交錯」。

後藤杏「なぜ憲兵の体験や記憶は忘却されたか」で取り上げる「憲兵」について、私も「厳しい取り締まりを行う弾圧者」というイメージを持っていた。それは間違いではないが、憲兵の活動における一面でしかないことは確かで、その詳細は知らなかった。

後藤が指摘するように憲兵を「理解のしがたい他者」「悪」と位置付け、そのイメージばかりが膨らむと、普通の人間が憲兵となって暴虐を働き得たことの実態や構造が見えなくなり、今後の防止に繋がらなくなっていく。

戦争を語り継いでいく必要があるのは、犠牲者を悼み忘れないことと同時に、今後、同様の事態を引き起こさないためだ。

戦争を知らない子供たち（が成長した大人）によって「侵略はなかった」「戦争は必要悪」といった声が上がる今、加害の記憶・検証、証言の発掘と継承は、他人事ではなく、ますます重要性を増している。

なにより、太平洋戦争は「終わったこと」ではなく、今まだ現在進行形のことだ。沖縄では基地の建設がすすめられ、米兵の暴行事件が連続する。そのことに目を向けるとき、私たちは、その痛みが過去から繋がっていることを思い起こさなければいけない。

２０２４年の５歳児が45歳になって、５歳児に「せんそうってなにー？」と聞かれたときに、「昔、戦っている人たちがいたんだよ」と過去形にできていてほしい。まだ、無理かもしれない。いつかその時が実現することを願って、私たちは本を伝え、読み継ぎ、語り継ぐ。

小林 えみ

伴奏　柳沼雄太

一本のエッセイを読んだかのような充実感。戦争を語り継ぐことの必要性を言葉にすることは難しいが、緊張感溢れる筆致により、まずは真摯に向き合う姿勢の重要さが胸に迫る。

＊初出『地平』3号、２０２４年

＊清水亮・白岩伸也・角田燎 編『戦争のかけらを集めて　遠ざかる兵士たちと私たちの歴史実践』図書出版みぎわ、２０２４年

本で学ぶということ、実践するということ

アメリア・ケリー『ガスライティングという支配 関係性におけるトラウマとその回復』

小林 えみ

「認知が歪んでる。笑」と半笑いで言われた。どっちが、と思ってムッとしたがケンカするほどではない、と思って黙った。あとになって「あれはガスライティングだったんだな」と思った。

スタートアップ界隈で「過去一年間にセクハラ被害を経験した女性起業家が52.4%」(「アイリーニ・マネジメント・スクール」調べ)。という調査が話題になった。女性が事業を立ち上げること、小売店を開くことは、この国ではまだ様々な障害がある。それらを乗り越えて、店頭にたってもリスクは去らない。私は、ふてぶてしさを身に着け、ある程度は自分で身の安全を図っ

たり、やりかえすこともできるけれど、そもそもそうした防御をしなければいけないこと自体がおかしい。こうした状況から、女性の書店主も、まだ多いとは言い難い。

「ガスライティング」もまた、そうした障壁のひとつだ。『ガスライティングという支配』は、ガスライティングについて実例も用いつつ解説するが、それは全十章のうち第一部の一〜四章であり、五〜十章は実践的な回復の方法について紹介している実践的な本になっている（なお、深刻なＰＴＳＤは、医療機関にかかることをお勧めする）。

本書によると「ガスライティングという用語は、心理的な手段によって、相手に「わたしは正気なのか」と自分自身を疑わせるように仕向けること、と定義」されている。正気への疑いを持たせる、という言葉は少し極端な事態を想像させるが、相手の自尊心を損なう方へ向かわせる行為、と言い換えるとわかりやすいかもしれない。

「忘れたふりをして加害の事実を否認する」「話を聞こえないふりをする」

「矮小化する」「情報の価値を下げようとする」「被害者側の記憶は間違っているると無効化しようとする」「女だから○○とステレオタイプ化する」「論点をすり替える」。これらについて、特に女性やマイノリティは経験したことがある、という方は多いのではないだろうか。

「ガスライティングは、そうとわかりやすいかたちで行われるとは限りません。むしろ、こっそりと、気づきにくい方法でなされることがほとんどです」と本書にあるように、はっきりと頭ごなしにどなりつけるようなものではなく、うっすらとした力関係や集団のまとまりを求められる時に用いられやすい。私が体験した冒頭の会話は、左派・リベラルの集まりの中での体験だ。全体としてはその集団の主張に賛成だとしても、細かな異議をあげにくくさせていたり、マイノリティへの配慮が後回しにしがちになっていないだろうか。「とりあえず前に進めたい」という欲望は、そのつもりではなくても、排除のためのガスライティングを容易にひきおこす。被害者として、あるいは加害者として、思い当たることはないだろうか。

今、書店の店頭には様々な多様性やマイノリティ配慮に関する本が並ぶ。それらを読んで学習する人が増え、まだ問題はあれど直接的なセクハラ、パワハラは減少しつつはあるだろう。しかし、いざ、自分の身の回りを見渡すとマイクロアグレッションやガスライティングはまだ横行している印象を否めない。そのことを絶望しているのではなく、これらもまたこうして名指され、書籍となり、知られることで改善していける、ということを信じている。世界はまだまだ変われる。書籍はそのための大事なツールであり、読書は、たとえ一人で読むだけであっても、世界への闘いの最前線である。

伴奏　柳沼雄太

対人関係における人間の機微、特に「息苦しさ」に関するワードを引きながら、問題提起を行う。被害、加害など、双方の立場

加害を歴史に記録する

『『ガスライティングという支配』

を考えるツールとしての本の有用性に触れた評。

＊初出『地平』6号、2024年

＊アメリア・ケリー『ガスライティングという支配　関係性におけるトラウマとその回復』野坂祐子 訳、日本評論社、2024年

私の愛した悪役令嬢

悪役令嬢は２０１０年代になってからジャンル・キャラクターとして徐々に認知され、２０２０年代になって人気が確立、いまなお勢いを保っているカテゴリです。

「悪役令嬢」の大きな定義としては「ヒロインの邪魔をする高い階級の女性」であり、よくある属性としては「ヒロインの攻略対象（結ばれたい相手）の婚約者等のパートナー」として、ヒロインの恋路に立ちふさがります。「悪役令嬢もの」とされる分野の設定としては「ファンタジーを題材とした乙女ゲーム（女性向けに、少女が主人公に設定された恋愛シュミレーションゲーム）に登場」するとされることが多いのですが、実際の乙女ゲームではライバルキャラクターが存在する場合も、上記の定義にぴったりとあてはまる「悪役令嬢」が設定されていることは多くないと言われ、そうしたポジションの概念化ともいわれます。

こうした「悪役令嬢」という概念を主人公に設定した小説や漫画等の「悪役令嬢もの」の基本形としては、上記の「悪役令嬢」に現代の女性が転生し、前世（現代）の知識や性格を活用して、悪役令嬢が迎えるはずの破滅を避ける、というものです。ここから、破滅の避け方のバリエーションや転生の状況、視点の持ち方などのバリエーションが派生しています。特に冒頭で「婚約者を正ヒロインにとられて断罪される（婚約破棄をされる）」という場面は、この話型のお約束場面であり、冒頭に登場することが多く、その悲劇をこれからどう回避していくのか、という華やかな見せ場でもあります。断罪に関しては主に2つのパターンがあり「ほんとうに性格が悪い悪役令嬢だった（が、転生の人格によって修正していく）」と、近年、より多くみられるパターンとして「ほんとうは悪役令嬢とされる側の方が正当な手続きと努力で婚約者の地位を得ており、正ヒロインが魅力だけで（魅力は魔法のためとされることが多い）悪役令嬢から奪略している」があります。

過去、少女漫画においては努力型だけれど平凡という設定のヒロインのライバル役として、完璧な美少女お嬢様が配置されることは多くありました。『アタックナンバーワン』（1968年〜）の鮎原こずえに対する早川みどり、『エースをねらえ！』（1973年〜）の岡ひろみに対するお蝶婦人（竜崎麗香）、『ガラスの仮面』（1976年〜）の北島マヤに対する姫川亜弓などです。正統派な令嬢がライバル→悪役というのはこのあたりにルーツがありそうです。

書籍のタイトルとして「悪役令嬢」がつく最古の商業出版物は2009年『悪役令嬢ヴィクトリア』、次に2013年『悪役令嬢後宮物語』。ただこれらは現在の「悪役令嬢」とは少し違うキャラクター（前者は若干身分が高くおてんばな「悪役令嬢」、後者は「悪役顔」という設定）、で、現在の主な解釈が適用されうる「悪役令嬢」をタイトルに関する小説は「なろう系」などで2012年ごろには発生していたようです。

そうして「悪役令嬢もの」は、それらの2010年代前半にウェブ小説として発表されたものが商業出版化される中で明確化していき、２０１４年は新タイトルがなく、２０１５年に『ある日、ぶりっ子悪役令嬢になりまして。』『悪役令嬢に転生したようですが、知った事ではありません』『俺が悪役令嬢になって汚名を返上するまで』『悪役令嬢、時々本気、のち聖女。』と次々に刊行され、２０１５年9月刊行の『乙女ゲームの破滅フラグしかない悪役令嬢に転生してしまった…』が大きくヒットします（のちにアニメ化）。

【タイトルに悪役令嬢がつく書籍（版元ドットコムにて検索）】
２０００〜０８年０件／２００９年１件（『悪役令嬢ヴィクトリア』）／２０１０年２件（『悪役令嬢ヴィクトリア』の続刊２巻）／２０１１年０件／２０１２年０件／２０１３年１件（『悪役令嬢後宮物語』）／２０１４年１件（『悪役令嬢後宮物語』の続刊）／２０１５年８件／２０１６年17件／２０１７年23件／２０１８年28件／２０１９年70件／２０２０年141件／２０２１年219件／２０２２年271件

／2023年316件／2024年9月30日まで248件

＊ただし、タイトルに「悪役令嬢」と銘打たない場合もあるため、内容を踏まえたジャンルの正確な数ではなく、あくまでタイトルでのカウント。

個人的には2009年～2018年ごろあたりの「悪役令嬢」の勃興についてリアルタイムでは把握しておらず、うっすら「そういうジャンルがあるようだ」という認識程度。ラノベ自体は『人類は衰退しました』（2011年～）や『ターンAガンダム』（1999年～、萩尾望都装画）など、書店のオススメや個人的関心で時折読んではいましたが、「悪役令嬢」として体系的に追うことをしていませんでした。

ここ2、3年（2020年代）になってから、アニメ化やそうしたマンガ等のSNS広告などで「これは気になる」というものがでてきたことから「悪役令嬢モノ」を読むようになりました。

「悪役令嬢モノ」の何が私は面白いのか。ここは個人によって受け取るものが違うと思いますので、あくまで私の場合ですが、まず第一のポイントは、主人公が「主体的に生きる」ということです。まず多くが「断罪された／されるる」ことを前提とすることから、辛い運命から逃れるために意識的に行動しなければなりません。次にその「主体的に生きる」ことによって「自らの尊厳を回復していく」そして周囲にも良い影響を与える／救う物語であること。ですので、断罪を回避する際に、ヒーローポジションに「救ってもらう」物語や攻略対象たちの信頼をとりもどして、正ヒロインではなく悪役令嬢がハーレム状態を形成しなおす物語もあるのですが、私はあまりそれには魅力を感じません。人がその人自身の尊厳をとりもどす、そういう物語に惹かれます。

では、そういう物語にどういうものがあるのか。私が愛した悪役令嬢をご紹介します。基本的には原作小説をお勧めしていますが、多くの作品がマンガ化されていますので、どちらで読んでもおすすめです。また、今回ランクに載せなかったけれど、好きな作品は色々ありますので、また違う機会にご紹介したいと思います。

1位『悪役令嬢の中の人』
2位『歴史に残る悪女になるぞ』
3位『最後にひとつだけよろしいでしょうか』
4位『愛さないといわれましても』
5位『完璧すぎて可愛げがないと婚約破棄された聖女は隣国に売られる』
6位『王太子に婚約破棄されたので、もうバカのふりはやめようと思います』
7位『バッドエンド目前のヒロインに転生した私、今世では恋愛するつもりがチートな兄が離してくれません！』

以下、少しずつ（あくまで私が魅力的に感じた）ポイントを紹介します。

1位『悪役令嬢の中の人』
【少しシリアス／爽快／社会を考える】
悪役令嬢レミリアに転生した「小林恵美」（私と同名なのは偶然です……）は、レミリアのために奔走しますが、正ヒロインの策略によって断罪・婚約破棄されてしまい、意識を失います。結局ダメだった、そこへ元のレミリアの人格が戻ってきて「恵美が作り上げたレミリア」の名誉を回復するために復讐・活躍をします。
恵美はレミリアを慈しみ、レミリアは恵美に大切にされたことで、自身の尊厳を回復し、それを与えてくれた恵美を大切にしたいと願います。恵美は意識を失っているため、友情や百合展開が安易に持ち込まれることなく、ストイックにレミリアは恵美のために「（恵美が作り上げた）あるべきレミリア」を実践していくことが描かれていく。自身の尊厳、またその自己を形成してくれた他者（恵美）への慈しみ、その過程での他の他者への友愛（若干、復讐のための利用目的ではありますが……）、人種差別を受ける魔族の救済、など、回復の物語としてのカタルシス感にあふれた作品です。レミリアの颯爽とした活躍もかっこよく、読みどころが満載です。

2位『歴史に残る悪女になるぞ』

【少しシリアス／爽快】

念願かなって悪役令嬢アリシアに転生した「私」は、より完璧な悪役令嬢になるべく、研鑽を重ねます。断罪の回避ではなく、世界最高の悪役令嬢になる、という目標はちょっと変わっているのですが、通俗的な「悪」を極めるのではなく、正ヒロインへ対抗できる「ライバル」として大いなる存在を目指すため、結果的に善行を行っています。このヒロインの面白いところはそうして「欺瞞的な理想」を実践的にダメ出ししていくことや、周囲のモブたちにも「ヒロインを妄信するのではなく自分で考えること」をつきつけていくところが面白いです。

3位『最後にひとつだけよろしいでしょうか』
【コメディ】
これは可憐な主人公の狂犬姫、スカーレットがひたすら拳で悪役を殴り飛ばしていくということが爽快な作品です。そんな妹を心配するお兄さんなど周囲のキャラクターも面白いですが、なかなか「正義が勝つ」とスッキリすることのない現代、悪徳貴族など、とにかく悪いやつをぶっとばしてスカッとする、そんな拳を楽しむ作品です。

4位『愛さないといわれましても』
【コメディ】
前世が現代の日本人女性ではなく「魔王」という令嬢が、嫁ぎ先のパートナーやその家族たちにその魔力の才能や愛らしさで周囲の人たちに大切にされる。令嬢として生まれた生家では虐待の扱いをうけており、「元・魔王」という人格のため天然で本人はやりすごしているという設定のため、悲惨さはあまり直接的に感じさせないが、「人に大切にされる」ことで温かさを知っていく過程などにほっとさせられる。何より、パートナーや家族が、ちょっと人間と感覚がずれた主人公を大事にしていくその様子のコミカルな描写が、読んでいて楽しい。

5位『完璧すぎて可愛げがないと婚約破棄された聖女は隣国に売られる』
これは主人公も良いけれど、姉である主人公や国のために立ち上がる妹も良いです。

6位『王太子に婚約破棄されたので、もうバカのふりはやめようと思います』
婚約者のためにバカのふりをしていた主人公が、ふりをやめてサクサク道を切り開いていく様子が小気味よく面白い作品です。

7位『バッドエンド目前のヒロインに転生した私、今世では恋愛するつもりがチートな兄が離してくれません！』
これは、男性キャラクター（主に兄）による助力も大きいため、基本的には女性自身（あるいは女性同士）の活躍を期待する私の好みの真ん中ではないけれど、ヒロインがそうして周囲の助けも借りつつ努力する様は王道の「努力する正ヒロイン」っぽさが良く、なんだか読んでいて元気になれる作品です。特筆する点があるというより、全体のキャラクターや進行などのバランスがよく、少女漫画っぽく安心して読めます（兄がやや俺様ですが、モラハラ的な束縛はないです）。

伴奏　柳沼雄太
漫画・ライトノベルにも造詣が深い小林さんの醍醐味と言っても良い評である。それぞれの作品の読みどころが挙げられつつ挿

小林 えみ

入される小林さんの感想に興味の幅を広げられるようで、さらに多くの作品を紹介してほしくなる。

おわりに

柳沼雄太

極めて主観的な読書という行為を源として、主観をなるべく公に開き客観的に論ずることが、書評という態度である。ともすれば、ひとりよがりに成り得る視点の敷衍は、些か心許なく思えることがある。それでも、批評の対象に表明する意思は、言葉でしか残すことができないのである。

一方で、言葉を言葉で語ることとは、言葉が持つポジティブもネガティブも幾つかの可能性として受け入れ、自らで咀嚼することを意味している。小説、詩歌、論考、対談など、形式にかかわらず本から聞こえてくる声を、よりキャッチーなメロディに乗せることと似通っている。どのように奏でれば、そのテクストの面白さ、奥深さが伝わるのだろうか。正解など存在しない言葉の振れ幅のあわいを捉えることの曖昧さに思い悩みながらも、最善と思われる音符へ乗せてゆく営みを、言葉で語ることに重ね合わせてみる。

思えば、私と小林えみさんは、書店として本を売ることとともにこの営みを実践してきた。ふたりが主催となる「じゅうに読む会」という読書会において、或いはその場ではなくとも、小林さんが本を語る口調は本当に優しく鋭い。その本に登場するすべてに気を配り語られる言葉から広がる世界は無限に思われる。何も置いてゆくことのない姿勢を、私は純粋に楽しんでいる。

それぞれが時にはプリモとなり、時にはセコンドとなる。プリモに添えられたセコンドは、プリモの筆者とは異なる視線でテクストを眼差す。眼差しの交錯により、書評の対象となるテクストが重層的かつ立体的に読者に届けられることを願いながら書き進めた。少しでも読者の琴線に触れられていれば、これほど嬉しいことはない。

最後に、本書にかかわってくださった皆さまに感謝を申し上げたい。読み、考え、自らの言葉で語ることを拒まない寛容な著者とテクストに出会わなければ、本書における書評の態度を体得することはなかった。

ふたりが奏でるメロディが、「批評そのもの」に対するオブセッションの変化にどのように作用するのだろうか。遠くない未来に投げかける疑問が紐解かれてゆく様を傍らから見守る役割が、本書の意義でもある。

小林えみ（こばやし・えみ）
1978年生まれ、よはく舎・マルジナリア書店代表。執筆に随筆『孤独について』、短編小説集『かみさまののみもの』等。

柳沼雄太（やぎぬま・ゆうた）
1990年生まれ。書肆 海と夕焼・夕凪文具店店主。田畑書店『アンソロジスト』、週刊読書人に書評掲載。双子のライオン堂『しししし5』にエッセイ寄稿。読書会ファシリテーターも務める。

連弾書評集　海と余白

著　者　小林えみ　柳沼雄太

2024 年 11 月 30 日　第一刷発行（先行私家版）

2024 年 12 月　5 日　第二刷発行（通常版）

発行所　よはく舎　東京都府中市片町 2-21-9

装丁　小林えみ

printed in Japan

ISBN 978-4-910327-21-1